Todos los libros de Linkgua Ediciones cuentan con modelos de Inteligencia Artificial entrenados por hispanistas. Pregúntale al chat de tu libro lo que desees acerca de la obra o su autor/a.

Para ebooks: Accede a nuestro modelo de IA a través de este enlace.

Para libros impresos: Escanea el código QR de la portada con tu dispositivo móvil.

Obtén análisis detallados de nuestros libros, resúmenes, respuestas a tus preguntas y accede a nuestras ediciones críticas generativas para una experiencia de lectura más enriquecedora.
La transparencia y el respeto hacia la autoría de las fuentes utilizadas son distintivos básicos de nuestro proyecto. Por ello, las respuestas ofrecen, mediante un sistema de citas, las fuentes con las que han sido elaboradas.

Autores varios

Constitución de las Provincias Unidas del Centro de América

Barcelona 2024
Linkgua-ediciones.com

Créditos

Título original: Constitución de las Provincias Unidas del Centro de América.

© 2024, Red ediciones S.L.

e-mail: info@linkgua.com

Diseño de cubierta: Michel Mallard.

ISBN rústica: 978-84-9816-135-9.
ISBN ebook: 978-84-9897-609-0.

Sumario

Costa Rica. Constitución de las Provincias Unidas del Centro de América de 1824

22 de noviembre de 1824

En el nombre del Ser Supremo, Autor de las sociedades y Legislador del Universo.

CONGREGADOS en Asamblea Nacional Constituyente, nosotros los representantes del pueblo de Centroamérica, cumpliendo con sus deseos y en uso de sus soberanos derechos, decretamos la siguiente Constitución para promover su felicidad, sostenerle en el mayor goce posible de sus facultades, afianzar los derechos del hombre y del ciudadano sobre los principios inalterables de libertad, igualdad, seguridad y propiedad; establecer el orden público y formar una perfecta federación.

Título I. De la Nación y su territorio

Sección primera. De la Nación

Artículo 1. El pueblo de la República federal de Centroamérica es soberano e independiente.

Artículo 2. Es esencial al soberano y su primer objeto la conservación de la libertad, igualdad, seguridad y propiedad.

Artículo 3. Forman el pueblo de la República todos sus habitantes.

Artículo 4. Están obligados a obedecer y respetar la ley, a servir y defender la patria con las armas y a contribuir proporcionalmente para los gastos públicos sin exención ni privilegio alguno.

Sección segunda. Del territorio

Artículo 5. El territorio de la República es el mismo que antes comprendía el antiguo reino de Guatemala, a excepción, por ahora, de la provincia de Chiapas.

Artículo 6. La Federación se compone de cinco estados, que son: Costa Rica, Nicaragua, Honduras, El Salvador y Guatemala. La provincia de Chiapas se tendrá por estado en la Federación cuando libremente se una.

Artículo 7. La demarcación de territorio de los estados se hará por una ley constitucional con presencia de los datos necesarios.

Título II. Del Gobierno, de la Religión y de los ciudadanos

Sección primera. Del Gobierno y de la Religión
Artículo 8. El gobierno de la República es popular, representativo, federal.

Artículo 9. La República se denomina: Federación de Centroamérica.

Artículo 10. Cada uno de los estados que la componen es libre e independiente en su gobierno y administración interior, y les corresponde todo el poder que por la Constitución no estuviere conferido a las autoridades federales.

Artículo 11. Su religión es la Católica, Apostólica, Romana, con exclusión del ejercicio público de cualquier otra.

Artículo 12. La República es un asilo sagrado para todo extranjero, y la patria de todo el que quiera residir en su territorio.

Sección segunda. De los ciudadanos
Artículo 13. Todo hombre es libre en la República. No puede ser esclavo el que se acoja a sus leyes, ni ciudadano el que trafique en esclavos.

Artículo 14. Son ciudadanos todos los habitantes de la República naturales del país, o naturalizados en él, que fueren casados o mayores de dieciocho años, siempre que ejerzan alguna profesión útil, o tengan medios conocidos de subsistencia.

Artículo 15. El Congreso concederá cartas de naturaleza a los extranjeros que manifiesten a la autoridad local designio de radicarse en la República:

1. Por servicios relevantes hechos a la nación y designados por ley.

2. Por cualquier invención útil, y por ejercicio de alguna ciencia, arte u oficio no establecidos aún en el país, o mejora notable de una industria conocida.

3. Por vecindad de cinco años.

4. Por la de tres, a los que vinieren a radicarse con sus familias; a los que contrajeren matrimonio en la República, y a los que adquirieren bienes raíces del valor y clase que determine la ley.

Artículo 16. También son naturales los nacidos en país extranjero de ciudadanos de Centroamérica, siempre que sus padres estén al servicio de la República, o cuando su ausencia no pasare de cinco años y fuere con noticia del gobierno.

Artículo 17. Son naturalizados los españoles y cualesquiera extranjeros que, hallándose radicados en algún punto del territorio de la República, al proclamar su independencia la hubieren jurado.

Artículo 18. Todo el que fuera nacido en las repúblicas de América y viniere a radicarse a la Federación, se tendrá por naturalizado en ella desde el momento en que manifieste su designio, ante la autoridad local.

Artículo 19. Los ciudadanos de un estado tienen expedito el ejercicio de la ciudadanía en cualquiera otro de la Federación.

Artículo 20. Pierden la calidad de ciudadanos:

1. Los que admitieren empleo o aceptaren pensiones, distintivos o títulos hereditarios de otro gobierno, o personales, sin licencia del Congreso.

2. Los sentenciados por delitos que según la ley merezcan pena más que correccional, si no obtuvieren rehabilitación.

Artículo 21. Se suspenden los derechos de ciudadano:

1. Por proceso criminal en que se haya proveído auto de prisión por delito que según la ley merezca pena más que correccional.

2. Por ser deudor fraudulento declarado, o deudor a las rentas públicas y judicialmente requerido de pago.

3. Por conducta notoriamente viciada.

4. Por incapacidad física o moral, judicialmente calificada.

5. Por el estado de sirviente doméstico cerca de la persona.

Artículo 22. Solo los ciudadanos en ejercicio pueden obtener servicios en la República.

Título III. De la elección de las supremas autoridades federales

Sección primera. De las elecciones en general

Artículo 23. Las Asambleas de los Estados dividirán su población con la posible exactitud y comodidad en Juntas populares, en distritos y en departamentos.

Artículo 24. Las Juntas Populares se componen de ciudadanos en el ejercicio de sus derechos; las Juntas de Distrito, de los electores nombrados por las Juntas Populares, y las Juntas de Departamento, de los electores nombrados por las Juntas de Distrito.

Artículo 25. Toda Junta será organizada por un directorio compuesto de un presidente, dos secretarios y dos escrutadores elegidos por ella misma.

Artículo 26. Las acusaciones sobre fuerza, cohecho o soborno en los sufragantes hechas en el acto de la elección, serán determinadas por el directorio con cuatro hombres buenos nombrados entre los ciudadanos presentes por el acusador y el acusado, para el solo efecto de desechar por aquella vez los votos tachados o el del calumniador en su caso. En lo demás, estos juicios serán seguidos y terminados en los tribunales comunes.

Artículo 27. Los recursos sobre nulidad en elecciones de las Juntas Populares serán definitivamente resueltos en las Juntas de Distrito; y los que se entablen contra éstas en las de departamentos. Los cuerpos legislativos que verifican las elecciones, deciden de las calidades de los últimos electos cuando sean tachados, y de los reclamos sobre nulidad en los actos de las Juntas de Departamento.

Artículo 28. Los electores de distrito y de departamento no son responsables por su ejercicio electoral. Las leyes acordarán las garantías necesarias para que libre y puntualmente, verifiquen su encargo.

Artículo 29. En las épocas de elección constitucional, se celebrarán el último domingo de octubre las Juntas Populares; el segundo domingo de noviembre las de Distrito; y el primer domingo de diciembre las de Departamento.

Artículo 30. Ningún ciudadano podrá excusarse del cargo de elector por motivo ni pretexto alguno.

Artículo 31. Nadie puede presentarse con armas a los actos de elección, ni votarse a sí mismo.

Artículo 32. Las Juntas no podrán deliberar si no sobre objetos designados por la ley. Es nulo todo acto que esté fuera de su legal intervención.

Sección segunda. De las Juntas Populares

Artículo 33. La base menor de una Junta Popular será de doscientos cincuenta habitantes, la mayor de dos mil y quinientos.

Artículo 34. Se formarán registros de los ciudadanos que resulten de la base de cada Junta, y los inscritos en ellos únicamente tendrán voto activo y pasivo.

Artículo 35. Las Juntas nombrarán un elector primario por cada doscientos cincuenta habitantes. La que tuviere un residuo de ciento veintiséis nombrará un elector más.

Sección tercera. De las Juntas de Distrito

Artículo 36. Los electores primarios se reunirán en las cabeceras de los distritos que las Asambleas designen.

Artículo 37. Reunidos por lo menos las dos terceras partes de los electos primarios, se forma la Junta y nombra por mayoría absoluta un elector de distrito por cada diez electores primarios de los que le corresponden.

Sección cuarta. De las Juntas de Departamento

Artículo 38. Un departamento constará fijamente de doce electores de distrito por cada representante que haya de nombrar.

Artículo 39. Los electores de distritos se reunirán en las cabeceras de departamento que las Asambleas designen.

Artículo 40. Reunidas por lo menos las dos terceras partes de los electores de distrito, se forma la Junta de Departamento y elige por mayoría absoluta los representantes y suplentes que le corresponden para el Congreso.

Artículo 41. Nombrados los representantes y suplentes, se despachará a cada uno por credencial copia autorizada del acta en que conste su nombramiento.

Artículo 42. En la renovación del presidente y vicepresidente de la República, individuos de la Suprema Corte de Justicia y senadores del Estado, los electores sufragarán para estos funcionarios en actos diversos, y cada voto será registrado con separación.

Artículo 43. Las Juntas de Departamento formarán de cada acto de elección listas de los electores con expresión de sus votos.

Artículo 44. Las listas relativas a la elección del presidente y vicepresidente de la República e individuos de la Suprema Corte de Justicia, deberán firmarse por los electores y remitirse cerradas y selladas al Congreso. También se dirigirá en la propia forma una copia de ellas, con la de votación para senadores, a la Asamblea del Estado respectivo,

Sección quinta. De la regulación de votos y modo de verificar la elección de las supremas autoridades federales

Artículo 45. Reunidas las listas de las Juntas Departamentales de cada Estado, su Asamblea hará un escrutinio de ellas, y en la forma prescrita en el Artículo anterior lo remitirá con las mismas listas al Congreso, reservándose las que contienen la elección de Senadores.

Artículo 46. Reunidos los pliegos que contienen las listas de todas las Juntas de departamento y su escrutinio formado por las Asambleas, el Congreso los abrirá y regulará la votación por el número de electores de distrito, y no por el de las Juntas de Departamento.

Artículo 47. Siempre que resulte mayoría absoluta de sufragios la elección está hecha. Si no la hubiere, y algunos ciudadanos reunieren cuarenta o más votos, el Congreso por mayoría absoluta elegirá solo entre ellos. Si esto no se verificare, nombrará entre los que tuvieren de quince votos arriba; y no resultando los suficientes para ninguno de estos casos, elegirá entre los que obtengan cualquier número.

Artículo 48. Las Asambleas de los Estados sobre las mismas reglas y en proporción semejante, verificarán la elección de senadores, si no resultare hecha por los votos de los electores de distrito.

Artículo 49. En un mismo sujeto la elección de propietario con cualquier número de votos prefiere a la de suplente.

Artículo 50. En caso que un mismo ciudadano obtenga dos o más elecciones, preferirá la que se haya efectuado con mayor número de votos populares; y siendo éstos iguales se determinará por la voluntad del electo.

Artículo 51. Los ciudadanos que hayan servido por el término constitucional cualquier destino electivo de la Federación, no serán obligados a admitir otro diverso sin que haya transcurrido el intervalo de un año.

Artículo 52. Las elecciones de las supremas autoridades federales se publicarán por un decreto del cuerpo legislativo que las haya verificado.

Artículo 53. Todos los actos de elección desde las Juntas Populares hasta los escrutinios del Congreso y de las Asambleas, deben ser públicos para ser válidos.

Artículo 54. La ley reglamentará estas elecciones sobre las bases establecidas.

Título IV. Del Poder Legislativo y sus atribuciones

Sección primera. De la organización del Poder Legislativo

Artículo 55. El Poder Legislativo de la Federación reside en un Congreso compuesto de representantes popularmente elegidos en razón de uno por cada treinta mil habitantes.

Artículo 56. Por cada tres representantes se elegirá un suplente. Pero si a alguna Junta no le correspondiere elegir más que uno o dos propietarios, nombrará, sin embargo, un suplente.

Artículo 57. Los suplentes concurrirán por falta de los propietarios en caso de muerte o imposibilidad, a juicio del Congreso.

Artículo 58. El Congreso se renovará por mitad cada año, y los mismos representantes podrán ser reelegidos una vez sin intervalo alguno.

Artículo 59. La primera Legislatura decidirá, por suerte, los representantes que deben renovarse en el año siguiente; en adelante la renovación se verificará saliendo los de nombramiento más antiguo.

Artículo 60. La primera vez calificará las elecciones y credenciales de los representantes, una Junta preparatoria compuesta de ellos mismos; en lo sucesivo, mientras no se hubieren abierto las sesiones, toca esta calificación a los representantes que continúan, en unión de las nuevamente electos.

Artículo 61. Para ser representante se necesita tener la edad de veintitrés años, haber sido cinco ciudadano, bien sea de estado seglar o del eclesiástico secular, y hallarse en actual ejercicio de sus derechos. En los naturalizados, se requiere además un año de residencia no interrumpida e inmediata a la elección, sino es que hayan estado ausentes en servicio de la República.

Artículo 62. Los empleados del Gobierno de la Federación o de los Estados no podrán ser representantes en el Congreso ni en las Asambleas por el territorio en que ejercen su cargo; ni los representantes serán empleados por estos Gobiernos durante sus funciones, ni obtendrán ascenso que no sea de rigurosa escala.

Artículo 63. En ningún tiempo ni con motivo alguno los representantes pueden ser responsables por proposición, discurso o debate en el Congreso o fuera de él sobre asuntos relativos a su encargo. Y durante las sesiones y un mes después no podrán ser demandados civilmente ni ejecutados por deudas.

Artículo 64. El Congreso resolverá en cada legislatura el lugar de su residencia; pero tanto el Congreso como las demás autoridades federales no ejercerán otras facultades sobre la población donde residan, que las concernientes a mantener el orden y tranquilidad pública para asegurarse en el libre y decoroso ejercicio de sus funciones.

Artículo 65. Cuando las circunstancias de la Nación lo permitan se construirá una ciudad para residencia de las Autoridades Federales, las que ejercerán en ella una jurisdicción exclusiva.

Artículo 66. El Congreso se reunirá todos los años el día primero de marzo y sus sesiones durarán tres meses.

Artículo 67. La primera legislatura podrá prorrogarse el tiempo que juzgue necesario; las siguientes no podrán hacerlo por más de un mes.

Artículo 68. Para toda resolución se necesita la concurrencia de la mayoría absoluta de los representantes, y el acuerdo de la mitad y uno más de los que se hallaren presentes; pero un número menor puede obligar a concurrir a los ausentes del modo y bajo las penas que se designen en el reglamento interior del Congreso.

Sección segunda. De las atribuciones del Congreso
Artículo 69. Corresponde al Congreso:

1. Hacer las leyes que mantienen la Federación, y aquellas en cuya uniformidad tiene un interés directo y conocido cada uno de los Estados.

2. Levantar y sostener el Ejército y Armada Nacional.

3. Formar la ordenanza general de una y otra fuerza.

4. Autorizar al Poder Ejecutivo para emplear la milicia de los Estados, cuando lo exija la ejecución de la ley, o sea necesario contener insurrecciones o repeler invasiones.

5. Conceder al Poder Ejecutivo facultades extraordinarias expresamente detalladas y por un tiempo limitado, en caso de guerra contra la independencia nacional.

6. Fijar los gastos de la administración general.

7. Decretar y designar rentas generales para cubrirlos; y no siendo bastantes, señalar el cupo correspondiente a cada Estado según su población y riqueza.

8. Arreglar la administración de las rentas generales; velar sobre su inversión, y tomar cuentas de ella al Poder Ejecutivo.

9. Decretar en caso extraordinario pedidos, préstamos o impuestos extraordinarios.

10. Calificar y reconocer la deuda nacional.

11. Destinar los fondos necesarios para su amortización y réditos.

12. Contraer deudas sobre el erario nacional.

13. Suministrar empréstitos a otras naciones.

14. Dirigir la educación, estableciendo los principios generales más conformes al sistema popular y al progreso de las artes útiles y de las ciencias; y asegurar a los inventores por el tiempo que se considere justo el derecho exclusivo en sus descubrimientos.

15. Arreglar y proteger el derecho de petición.

16. Declarar la guerra, y hacer la paz con presencia de los informes y preliminares que le comunique el Poder Ejecutivo.

17. Ratificar los tratados y negociaciones que haya ajustado el Poder Ejecutivo.

18. Conceder o negar la introducción de tropas extranjeras en la República.

19. Arreglar el comercio con las naciones extranjeras y entre los Estados de la Federación; y hacer leyes uniformes sobre las bancarrotas.

20. Habilitar puertos y establecer aduanas marítimas.

21. Determinar el valor, ley, tipo y peso de la moneda nacional, y el precio de la extranjera; fijar uniformemente los pesos y medidas; y decretar penas contra los falsificadores.

22. Abrir los grandes caminos y canales de comunicación; establecer y dirigir postas y correos generales de la República.

23. Formar la ordenanza del corso, dar leyes sobre el modo de juzgar las piraterías, y decretar las penas contra éste y otros atentados cometidos en alta mar y con infracción del derecho de gentes.

24. Conceder amnistías o indultos generales en el caso que designa el Artículo 118.

25. Crear tribunales inferiores que conozcan en asuntos propios de la Federación.

26. Calificar las elecciones populares de las autoridades federales a excepción de las del Senado.

27. Admitir por dos terceras partes de votos las renuncias que por causas graves hagan de sus oficios los representantes en el Congreso, el Presidente y Vicepresidente de la República, los Senadores después que hayan tomado posesión y los individuos de la Suprema Corte de Justicia.

28. Señalar los sueldos de los representantes en el Congreso, del Presidente y Vicepresidente, de los Senadores, de los individuos de la Suprema Corte y de los demás agentes de la Federación.

29. Velar especialmente sobre la observación de los Artículos contenidos en los Títulos 10 y 11 y anular, sin las formalidades prevenidas en el Artículo 194, toda disposición legislativa que los contraríe.

30. Conceder permiso para obtener de otra nación pensiones, distintivos o títulos personales, siendo compatibles con el sistema de Gobierno de la República.

31. Resolver sobre la formación y admisión de nuevos Estados.

Artículo 70. Cuando el Congreso fuere convocado extraordinariamente, solo tratará de aquellos asuntos que hubieren dado motivo a la convocatoria.

Título V. De la formación, sanción y promulgación de la ley

Sección primera. De la formación de la ley

Artículo 71. Todo proyecto de ley debe presentarse por escrito, y solo tienen facultad de presentarlo al Congreso, los Representantes y los Secretarios del Despacho; pero estos últimos no podrán hacer proposiciones sobre ninguna clase de impuestos.

Artículo 72. El proyecto de ley debe leerse por dos veces en días diferentes antes de resolver si se admite o no a discusión.

Artículo 73. Admitido, deberá pasar a una Comisión que lo examinará detenidamente y no podrá presentarlo sino después de tres días. El informe que diese tendrá también dos lecturas en días diversos y señalado el de su discusión con el intervalo a lo menos de otros tres, no podrá diferirse más tiempo sin acuerdo del Congreso.

Artículo 74. La ley sobre formación de nuevos Estados se hará según lo prevenido en el Título 14.

Artículo 75. No admitido a discusión, o desechado un proyecto de ley, no podrá volver a proponerse sino hasta el año siguiente.

Artículo 76. Si se adoptare el proyecto, se extenderá por triplicado en forma de ley; se leerá en el Congreso, y firmado los tres originales por el Presidente y dos Secretarios, se remitirán al Senado.

Sección segunda. De la sanción de la ley

Artículo 77. Todas las resoluciones del Congreso dictadas en uso de las atribuciones que le designa la Constitución, necesitan para ser válidas tener la sanción del Senado, exceptuando únicamente las que fueren:

1. Sobre su régimen interior, lugar y prórroga de sus sesiones.

2. Sobre calificación de elecciones y renuncia de los elegidos.

3. Sobre concesión de cartas de naturaleza.

4. Sobre declaratoria de haber lugar a la formación de causa contra cualquier funcionario.

Artículo 78. El Senado dará la sanción por mayoría absoluta de votos con esta fórmula: «Al Poder Ejecutivo»; y la negará con esta otra: «Vuelva al Congreso».

Artículo 79. Para dar o negar la sanción tomará desde luego informes del Poder Ejecutivo, que deberá darlos en el término de ocho días.

Artículo 80. El Senado dará o negará la sanción entre los diez días inmediatos. Si pasado este término no la hubiere dado o negado, la resolución la obtiene por el mismo hecho.

Artículo 81. El Senado deberá negarla, cuando la resolución sea en cualquier manera contraria a la Constitución, o cuando juzgare que su observancia no es conveniente a la República. En estos dos casos devolverá al Congreso uno de los originales con la fórmula correspondiente, puntualizando por separado las razones en que funde su opinión. El Congreso las examinará y discutirá de nuevo la resolución devuelta. Si fuere ratificada por dos terceras partes de votos, la sanción se tendrá por dada, y en efecto, la dará el Senado.

En caso contrario no podrá proponerse de nuevo sino hasta el año siguiente.

Artículo 82. Cuando la resolución fuere sobre contribuciones de cualquier clase que sean, y el Senado rehusare sancionarla, se necesita el acuerdo de las tres cuartas partes del Congreso para su ratificación. Ratificada que sea, se observará en lo demás lo prevenido en el Artículo anterior.

Artículo 83. Cuando el Senado rehusare sancionar una resolución del Congreso por ser contraria a los Títulos 10 y 11, se requiere también para ratificarla el acuerdo de las tres cuartas partes del Congreso, y debe pasar segunda vez al Senado para que dé o niegue la sanción.

Artículo 84. Si aun así, no la obtuviere, o si la resolución no hubiere sido ratificada, no puede volver a proponerse sino hasta el año siguiente, debiendo entonces sancionarse o ratificarse según las reglas comunes a toda resolución.

Artículo 85. Cuando la mayoría de los Estados reclamare las resoluciones del Congreso en el caso del Artículo 83, deberán ser inmediatamente revisadas sin perjuicio de su observancia, y recibir nueva sanción por los trámites prevenidos en el mismo Artículo, procediéndose en lo demás conforme al 84.

Artículo 86. Dada la sanción constitucionalmente, el Senado devuelve con ella al Congreso un original, y pasa otro al Poder Ejecutivo para su ejecución.

Sección tercera. De la promulgación de la ley

Artículo 87. El Poder Ejecutivo luego que reciba una resolución sancionada, o de las que trata el Artículo 77 debe bajo la más estrecha responsabilidad, ordenar su cumplimiento; disponer entre quince días lo necesario a su ejecución y publicarla y circularla, pidiendo al Congreso prórroga del término si en algún caso fuese necesaria.

Artículo 88. La promulgación se hará en esta forma: «Por cuanto el Congreso decreta y el Senado sanciona lo siguiente (el texto literal), por tanto: ejecútese».

Título VI. Del Senado y sus atribuciones

Sección primera. Del Senado

Artículo 89. Habrá un Senado compuesto de miembros elegidos popularmente en razón de dos por cada Estado; se renovará anualmente por tercios, pudiendo sus individuos ser reelectos una vez sin intervalo alguno.

Artículo 90. Para ser senador se requiere: naturaleza en la República, tener treinta años cumplidos, haber sido siete ciudadano, bien ser del estado seglar o del eclesiástico secular y estar en actual ejercicio de sus derechos.

Artículo 91. Nombrará cada Estado un suplente, que tenga las mismas calidades, para los casos de muerte, o imposibilidad declarada por el mismo Senado.

Artículo 92. Uno solo de los senadores que nombre cada Estado podrá ser eclesiástico.

Artículo 93. El Senado en su primera sesión se dividirá por suerte con la igualdad posible en tres partes, las que sucesivamente se renovarán cada año.

Artículo 94. El Vicepresidente de la República presidirá el Senado, y solo sufragará en caso de empate.

Artículo 95. En su falta nombrará el Senado entre sus individuos un presidente, que deberá tener las calidades que se requieren para Presidente de la República.

Artículo 96. El Vicepresidente se apartará del Senado cuando éste nombre los individuos del Tribunal que establece el Artículo 147.

Artículo 97. Las sesiones del Senado durarán todo el año en la forma que prevenga su reglamento.

Sección segunda. De las atribuciones del Senado

Artículo 98. El Senado tiene la sanción de todas las resoluciones del Congreso en la forma que se establece en la Sección 2, Título V.

Artículo 99. Cuidará de sostener la Constitución; velará sobre el cumplimiento de las leyes generales, y sobre la conducta de los funcionarios del Gobierno Federal.

Artículo 100. Dará consejo al Poder Ejecutivo:

1. Acerca de las dudas que ofrezca la ejecución de las resoluciones del Congreso.

2. En los asuntos que provengan de las relaciones y tratados con potencias extranjeras.

3. En los de gobierno interior de la República.

4. En los de guerra o insurrección.

Artículo 101. Convocará al Congreso en casos extraordinarios, citando a los suplentes de los representantes que hubieren fallecido durante el receso.

Artículo 102. Propondrá ternas al Poder Ejecutivo para el nombramiento de los diplomáticos, del Comandante de las Armas de la Federación, de todos los oficiales del ejército del coronel inclusive arriba, de los comandantes de los puertos y fronteras, de los Ministros de la Tesorería General y de los Jefes de las Rentas generales.

Artículo 103. Declarará cuándo ha lugar a la formación de causa contra los Ministros Diplomáticos y Cónsules en todo género de delitos; y contra los Secretarios del Despacho, el Comandante de Armas de la Federación, los Comandantes de los puertos y fronteras, los Ministros de la Tesorería General, y los Jefes de las Rentas generales, por delitos cometidos en el ejercicio de sus funciones, quedando sujetos en todo lo demás a los tribunales comunes.

Artículo 104. Intervendrá en las controversias que designa el Artículo 194; y nombrará en sus primeras sesiones el tribunal que establece el Artículo 147.

Artículo 105. Reservará las sentencias de que habla el Artículo 137.

Título VII. Del Poder Ejecutivo, de sus atribuciones y de los Secretarios de Despacho

Sección primera. Del Poder Ejecutivo

Artículo 106. El Poder Ejecutivo se ejercerá por un Presidente nombrado por el pueblo de todos los Estados de la Federación.

Artículo 107. En su falta hará sus veces un Vicepresidente, nombrado igualmente por el pueblo.

Artículo 108. En falta de uno y otro, el Congreso nombrará un senador de las calidades que designa el Artículo 110. Si el impedimento no fuere temporal, y faltare más de un año para la renovación periódica, dispondrá se proceda a nueva elección, la que deberá hacerse desde las Juntas Populares hasta su complemento. El que así fuere electo durará en sus funciones el tiempo designado en el Artículo 111.

Artículo 109. Cuando la falta de que habla el Artículo anterior, ocurra no hallándose reunido el Congreso, se convocará extraordinariamente; y entre tanto ejercerá el poder ejecutivo el que presida el Senado.

Artículo 110. Para ser Presidente y Vicepresidente se requiere naturaleza en la República, tener treinta años cumplidos, haber sido siete ciudadano, ser del estado seglar y hallarse en actual ejercicio de sus derechos.

Artículo 111. La duración del Presidente y Vicepresidente será por cuatro años, y podrán ser reelegidos una vez sin intervalo alguno.

Artículo 112. El Presidente no podrá recibir de ningún Estado, autoridad, o persona particular emolumentos o dádivas de ninguna especie, ni sus sueldos serán alterados durante su encargo.

Sección segunda. De las atribuciones del Poder
Ejecutivo

Artículo 113. El Poder Ejecutivo publicará la ley, cuidará de su observancia y del orden público.

Artículo 114. Consultará al Congreso de la ley, y al Senado sobre las dudas y dificultades que ofrezca su ejecución. Debe en este caso conformarse con su dictamen y cesa su responsabilidad.

Artículo 115. Entablará, consultando al Senado, las negociaciones y tratados con las potencias extranjeras; le consultará, asimismo, sobre los negocios que provengan de estas relaciones; pero en ninguno de los dos casos está obligado a conformarse con su dictamen.

Artículo 116. Podrá consultar al Senado en los negocios graves del gobierno interior de la República, y en los de guerra o insurrección.

Artículo 117. Nombrará los funcionarios de la República que designa el Artículo 102, a propuesta del Senado, los que designa el Artículo 139, a propuesta de la Suprema Corte de Justicia; y los subalternos de unos y otros, y los oficiales de la fuerza permanente, que no llegaren a la graduación de Coronel, por igual propuesta de sus Jefes o superiores respectivos.

Artículo 118. Cuando por algún grave acontecimiento peligre la salud de la patria y convenga usar de amnistía o indulto, el Presidente lo propondrá al Congreso.

Artículo 119. Dirigirá toda la fuerza armada de la Federación; podrá reunir la cívica y disponer de ella cuando se halle en servicio activo de la República, y mandar en persona el

Ejército con aprobación del Senado, en cuyo caso recaerá el gobierno en el Vicepresidente.

Artículo 120. Podrá usar de la fuerza para repeler invasiones o contener insurrecciones, dando cuenta inmediatamente al Congreso, o en su receso al Senado.

Artículo 121. Concederá con aprobación del Senado, los premios honoríficos compatibles con el sistema de Gobierno de la Nación.

Artículo 122. Podrá separar libremente y sin necesidad de instrucción de causa, a los Secretarios del Despacho, trasladar, con arreglo a las leyes, a todos los funcionarios del Poder Ejecutivo Federal, suspenderlos por seis meses y deponerlos con pruebas justificativas de ineptitud o desobediencia, y con acuerdo, en vista de ellas, de las dos terceras partes del Senado.

Artículo 123. Presentará por medio de los Secretarios del Despacho al abrir sus sesiones, un detalle circunstanciado del estado de todos los ramos de la Administración pública y del Ejército y Marina, con los proyectos que juzgue más oportunos para su conservación o mejora; y una cuenta exacta de los gastos hechos, con el presupuesto de los venideros y medios para cubrirlos.

Artículo 124. Dará al Congreso y al Senado los informes que le pidieren y cuando sean sobre asuntos de reserva, lo expondrá así para que el Congreso o el Senado le dispensen de su manifestación, o se la exijan, si el caso lo requiere. Mas no estará obligado a manifestar los planes de guerra ni las negociaciones de alta política pendientes con las potencias extranjeras.

Artículo 125. En caso de que los informes sean necesarios para exigir la responsabilidad al Presidente, no podrán rehusarse por ningún motivo, ni reservarse los documentos después que se haya declarado haber lugar a la formación de causa.

Artículo 126. No podrá el Presidente sin licencia del Congreso separarse del lugar en que éste reside; ni salir del territorio de la República hasta seis meses después de concluido su encargo.

Artículo 127. Cuando el Presidente sea informado de alguna conspiración o traición a la República y de que la amenaza un próximo riesgo, podrá dar órdenes de arresto e interrogar a los que se presuma reos; pero en el término de tres días los pondrá, precisamente, a disposición del Juez respectivo.

Artículo 128. Comunicará a los Jefes de los Estados las leyes y disposiciones generales, y les prevendrá lo conveniente en todo cuanto concierna al servicio de la Federación y no estuviere encargado a sus agentes particulares.

Sección tercera. De los Secretarios del Despacho

Artículo 129. El Congreso, a propuesta del Poder Ejecutivo, designará el número de los Secretarios del Despacho; organizará las Secretarías, y fijará los negocios que a cada una corresponden.

Artículo 130. Para ser Secretario del Despacho se necesita ser americano de origen, ciudadano en el ejercicio de sus derechos y mayor de veinticinco años.

Artículo 131. Las órdenes del Poder Ejecutivo se expedirán por medio del Secretario del ramo a que correspondan; y las que de otra suerte se expidieren no deben ser obedecidas.

Título VIII. De la Suprema Corte de Justicia y de sus atribuciones

Sección primera. De la Suprema Corte de Justicia

Artículo 132. Habrá una Suprema Corte de Justicia que según disponga la ley se compondrá de cinco a siete individuos; serán elegidos por el pueblo, se renovarán por tercios cada dos años y podrán siempre ser reelegidos.

Artículo 133. Para ser individuo de la Suprema Corte se requiere ser americano de origen, con siete años de residencia no interrumpida e inmediata a la elección, ciudadano en el ejercicio de sus derechos, del estado seglar y mayor de treinta años.

Artículo 134. En falta de algún individuo de la Suprema Corte hará sus veces uno de tres suplentes que tendrán las mismas calidades, y serán elegidos por el pueblo después del nombramiento de los propietarios.

Artículo 135. La Suprema Corte designará, en su caso, el suplente que deba concurrir.

Sección segunda. De las atribuciones de la Suprema Corte de Justicia

Artículo 136. Conocerá en última instancia, con las limitaciones y arreglo que hiciere el Congreso en los emanados de la Constitución, de las leyes generales, de los tratados hechos por la República, de jurisdicción marítima, y de competencia sobre jurisdicción en controversia de ciudadanos o habitantes de diferentes Estados.

Artículo 137. En los casos de contienda en que sea parte toda la República, uno o más Estados, con alguno o algunos otros, o con extranjeros o habitantes de la República, la Corte Suprema de Justicia hará nombren árbitros para la primera instancia, conocerá en la segunda, y la sentencia que diere será llevada en revista al Senado, caso de no conformarse las partes con el primero y segundo juicio, y de haber lugar a ella, según la ley.

Artículo 138. Conocerá originariamente con arreglo a las leyes en las causas civiles de los Ministros Diplomáticos y Cónsules; y en las criminales de todos los funcionarios en que declara el Senado, según el Artículo 103, haber lugar a la formación de causa.

Artículo 139. Propondrá ternas al Poder Ejecutivo para que nombre los Jueces que deben componer los tribunales inferiores de que habla el Artículo 69, número 25.

Artículo 140. Velará sobre la conducta de los jueces inferiores de la Federación y cuidará de que administren pronta y cumplida la justicia.

Título IX. De la responsabilidad y modo de proceder en las causas de las supremas autoridades federales

Sección única

Artículo 141. Los funcionarios de la Federación, antes de posesionarse de sus destinos, prestarán juramento de ser fieles a la República y de sostener con toda su autoridad la Constitución y las leyes.

Artículo 142. Todo funcionario público es responsable, con arreglo a la ley, del ejercicio de sus funciones.

Artículo 143. Deberá declararse que ha lugar a la formación de causa contra los representantes en el Congreso por traición, venalidad, falta grave en el desempeño de sus funciones y delitos comunes que merezcan pena más que correccional.

Artículo 144. En todos estos casos, y en los de infracción de causa contra los individuos del Senado, de la Corte Suprema de Justicia, contra el Presidente y Vicepresidente de la República y Secretario del Despacho.

Artículo 145. Todo acusado queda suspenso en el acto de declararse que ha lugar a la formación de causa; depuesto siempre que resulte reo; e inhabilitado para todo cargo público si la causa diere mérito, según la ley. En los demás a que hubiere lugar se sujetarán al orden y tribunales comunes.

Artículo 146. Los delitos mencionados producen acción popular, y las acciones de cualquier ciudadano o habitante de la República deben ser atendidas.

Artículo 147. Habrá un tribunal compuesto de cinco individuos que nombrará el Senado entre los suplentes del mismo o del Congreso, que no hayan entrado al ejercicio de sus funciones. Sus, facultades se determinan en los Artículos 149 y 150.

Artículo 148. En las acusaciones contra individuos del Congreso, declarará éste cuando ha lugar a la formación de causa, la que será seguida y terminada, según la ley de su régimen interior.

Artículo 149. En las acusaciones contra el Presidente y Vicepresidente, si ha hecho sus veces, declarará el Congreso cuándo ha lugar a la formación de causa, juzgará la Suprema Corte, y conocerá en apelación el Tribunal que establece el Artículo 147.

Artículo 150. En las acusaciones contra los individuos de la Suprema Corte, el Congreso declarará cuándo ha lugar a la formación de causa, y juzgará el Tribunal que establece el Artículo 147.

Artículo 151. En las acusaciones contra los Senadores y Vicepresidente, declarará el Congreso cuándo ha lugar a la formación de causa, y juzgará la Suprema Corte.

Título X. Garantías de la libertad individual

Sección única

Artículo 152. No podrá imponerse pena de muerte, sino en los delitos que atenten directamente contra el orden público, y en el de asesinato, homicidio premeditado o seguro.

Artículo 153. Todos los ciudadanos y habitantes de la República sin distinción alguna, estarán sometidos al mismo orden de procedimientos y de juicios que determinen las leyes.

Artículo 154. Las Asambleas, tan luego como sea posible, establecerán el sistema de jurados.

Artículo 155. Nadie puede ser preso sino en virtud de orden escrita de autoridad competente para darla.

Artículo 156. No podrá librarse esta orden sin que preceda justificación de que se ha cometido un delito que merezca pena más que correccional, y sin que resulte, al menos por el dicho de un testigo, quién es el delincuente.

Artículo 157. Pueden ser detenidos:

1. El delincuente, cuya fuga se tema con fundamento;

2. El que sea encontrado en el acto de delinquir, y en este caso todos pueden aprehenderle para llevarle al Juez.

Artículo 158. La detención de que habla el Artículo anterior no podrá durar más de cuarenta y ocho horas, y durante este término deberá la autoridad que la haya ordenado, practicar lo prevenido en el Artículo 156, y librar por escrito la orden de prisión o poner en libertad al detenido.

Artículo 159. El alcaide no puede recibir ni detener en la cárcel a ninguna persona, sin transcribir en su registro de presos o detenidos la orden de prisión o detención.

Artículo 160. Todo preso debe ser interrogado dentro de cuarenta y ocho horas; y el juez está obligado a decretar la libertad o permanencia en la prisión, dentro de las veinticuatro horas siguientes, según el mérito de lo actuado.

Artículo 161. Puede, sin embargo, imponerse arresto por pena correccional, previas las formalidades que establezca el Código de cada Estado.

Artículo 162. El arresto por pena correccional no puede pasar de un mes.

Artículo 163. Las personas aprehendidas por la autoridad no podrán ser llevadas a otros lugares de presión, detención o arresto, que a los que estén legalmente y públicamente destinados al efecto.

Artículo 164. Cuando algún reo no estuviere incomunicado por orden del juez transcrita en el registro del alcaide, no podrá impedir su comunicación con persona alguna.

Artículo 165. Todo el que no estando autorizado por la ley expidiere, firmare, ejecutare o hiciere ejecutar la prisión, detención o arresto autorizado por la ley, condujere, recibiere o retuviere al reo en lugar que no sea de los señalados pública y legalmente, y todo alcaide que contraviniere las disposiciones precedentes, es reo de detención arbitraria.

Artículo 166. No podrá ser llevado ni detenido en la cárcel el que diere fianza en los casos que la ley expresamente no la prohíba.

Artículo 167. Las Asambleas dispondrán que haya visitas de cárceles para toda clase de presos, detenidos o arrestados.

Artículo 168. Ninguna casa puede ser registrada, sino por mandato escrito de autoridad competente, dado en virtud de dos deposiciones formales que presten motivo al allanamiento, el cual deberá efectuarse de día. También podrá registrarse a toda hora por un agente de la autoridad pública:

1. En persecución actual de un delincuente;

2. Por un desorden o escándalo que exija pronto remedio;

3. Por reclamación hecha del interior de la casa.

Mas hecho el registro, se comprobará con dos deposiciones que se hizo por algunos de los motivos indicados.

Artículo 169. Solo en los delitos de traición se pueden ocupar los papeles de los habitantes de la República; y únicamente podrá practicarse su examen cuando sea indispensable para la averiguación de la verdad, y a presencia del interesado, devolviéndole en el acto cuantos no tengan relación con lo que se indaga.

Artículo 170. La policía de seguridad no podrá ser confiada sino a las autoridades civiles, en la forma en que la ley determine.

Artículo 171. Ningún juicio civil o sobre injurias podrá entablarse sin hacer constar que se ha intentado antes el medio de conciliación.

Artículo 172. La facultad de nombrar árbitros en cualquier estado del pleito es inherente a toda persona: la sentencia que los árbitros dieren es inapelable, si las partes comprometidas no se reservaren este derecho.

Artículo 173. Unos mismos jueces no pueden serlo en dos diversas instancias.

Artículo 174. Ninguna ley del Congreso ni de las Asambleas pueden contrariar las garantías contenidas en este Título; pero sí ampliarlas y dar otras nuevas.

Título XI. Disposiciones generales

Sección única

Artículo 175. No podrán el Congreso, las Asambleas, ni las demás autoridades:

1. Coartar, en ningún caso ni por pretexto alguno, la libertad del pensamiento, la de la palabra, la de la escritura y la de la imprenta.

2. Suspender el derecho de peticiones de palabra o por escrito.

3. Prohibir a los ciudadanos o habitantes de la República, libres de responsabilidad, la emigración a país extranjero.

4. Tomar la propiedad de ninguna persona, ni turbarle en el libre uso de sus bienes, sino en favor del público cuando lo exija una grave urgencia legalmente comprobada; y garantizándose previamente la justa indemnización.

5. Establecer vinculaciones; dar títulos de nobleza, ni pensiones, condecoraciones o distintivos que sean hereditarios; ni consentir sean admitidos por ciudadanos de Centroamérica los que otras naciones pudieran concederles.

6. Permitir el uso del tormento y los apremios; imponer confiscación de bienes, azotes y penas crueles.

7. Conceder por tiempo ilimitado, privilegios exclusivos a compañías de comercio o corporaciones industriales.

8. Dar leyes de proscripción, retroactivas ni que hagan trascendental la infamia.

Artículo 176. No podrán, sino en el caso de tumulto, rebelión o ataque con fuerza armada a las autoridades constituidas:

1. Desarmar a ninguna población, ni despojar a persona alguna de cualquier clase de armas que tengan en su casa o de la que lleve lícitamente.

2. Impedir las reuniones populares que tengan por objeto un placer honesto, o discutir sobre política y examinar la conducta pública de los funcionarios.

3. Dispensar las formalidades sagradas de la ley para allanar la casa de algún ciudadano o habitante, registrar su correspondencia privada, reducirlo a prisión o detenerlo.

4. Formar comisiones o tribunales especiales para conocer en determinados delitos, o para alguna clase de ciudadanos o habitantes.

Título XII. Del Poder Legislativo, del Consejo Representativo, Del Poder Ejecutivo y del Judiciario de los Estados

Sección primera. Del Poder Legislativo

Artículo 177. El Poder Legislativo de cada Estado reside en una Asamblea de representantes elegidos por el pueblo que no podrán ser menos de once ni más de veintiuno.

Artículo 178. Corresponde a las primeras Legislaturas: formar la Constitución particular del Estado conforme a la Constitución Federal.

Y corresponde a todas:

1. Hacer sus leyes, ordenanzas y reglamentos.

2. Determinar el gasto de su administración y decretar los impuestos de todas clases necesarios para llenar éste, y el cupo que les corresponda en los gastos generales; mas sin consentimiento del Congreso no podrán imponer contribuciones de entrada y salida en el comercio con los extranjeros ni en el de los Estados entre sí.

3. Fijar periódicamente la fuerza de línea, si se necesitase en tiempo de paz, con acuerdo del Congreso, crear la cívica y levantar toda la que les corresponda en tiempo de guerra.

4. Elegir los establecimientos que se consideren convenientes para el mejor orden en justicia, economía, instrucción pública y en todos los ramos de la administración.

5. Admitir por dos terceras partes de votos las renuncias que antes de posesionarse y por causas graves hagan de sus oficios los Senadores.

Sección segunda. Del Consejo Representativo de los Estados

Artículo 179. Habrá un Consejo representativo compuesto de representantes elegidos popularmente en razón de uno por cada Sección territorial del Estado, según la división que haga su Asamblea.

Artículo 180. Corresponde al Consejo representativo:

1. Dar sanción a la ley.

2. Aconsejar al Poder Ejecutivo, siempre que sea consultado.

3. Proponerle para el nombramiento de los primeros funcionarios.

4. Cuidar de su conducta y declarar cuándo ha lugar a formarles causa.

Sección tercera. Del Poder Ejecutivo de los Estados

Artículo 181. El Poder Ejecutivo reside en un jefe nombrado por el pueblo del Estado.

Artículo 182. Está a su cargo:

1. Ejecutar la ley y cuidar el orden público.

2. Nombrar los primeros funcionarios del Estado a propuesta en terna del Congreso, y los subalternos a propuesta igual de sus jefes.

3. Disponer de la fuerza armada del Estado y usar de ella para su defensa en caso de invasión repentina, comunicándolo inmediatamente a la Asamblea o en su receso al Consejo, para que den cuenta al Congreso.

Artículo 183. En falta del Jefe del Estado, hará sus veces un segundo Jefe, igualmente nombrado por el pueblo.

Artículo 184. El segundo Jefe será Presidente del Consejo y solo votará en caso de empate.

Artículo 185. En falta del Presidente lo elegirá el Consejo de entre sus individuos.

Artículo 186. El segundo Jefe no asistirá al Consejo en los mismos casos en que el Vicepresidente de la República debe separarse del Senado.

Artículo 187. El Jefe y segundo Jefe del Estado durarán en sus funciones cuatro años, y podrán sin intervalo alguno ser una vez reelegidos.

Artículo 188. Responderán al Estado del buen desempeño en el ejercicio de sus funciones.

Sección cuarta. Del Poder Judicial de los Estados

Artículo 189. Habrá una Corte Superior de Justicia compuesta de jueces elegidos popularmente, que se renovarán por períodos.

Artículo 190. Será el tribunal de última instancia.

Artículo 191. El orden de procedimientos en las causas contra los representantes en la Asamblea, contra el Poder Ejecutivo y contra los individuos del Consejo y de la Corte Superior de cada Estado, se establecerá en la forma y bajo las reglas designadas para las autoridades federales.

Título XIII. Disposiciones generales sobre los Estados

Sección única

Artículo 192. Los Estados deben entregarse mutuamente los reos que se reclamaren.

Artículo 193. Los actos legales y jurídicos de un Estado serán reconocidos en todos los demás.

Artículo 194. En caso de que algún Estado o autoridades constituidas reclamen de otro el haber traspasado su Asamblea los límites constitucionales, tomará el Senado los informes convenientes entre sí o la Asamblea de quien se reclama no se conformare con su juicio, el negocio será llevado al Congreso, y su decisión será la terminante.

Artículo 195. Pueden ser elegidos representantes, senadores, jefes, consejeros e individuos de la Corte Superior de Justicia de cada uno de los Estados los ciudadanos hábiles de los otros; pero no son obligados a admitir estos oficios.

Título XIV. De la formación y admisión de nuevos Estados

Sección única

Artículo 196. Podrán formarse en lo sucesivo nuevos Estados y admitirse otros en la Federación.

Artículo 197. No podrá formarse nuevo Estado en el interior de otro Estado. Tampoco podrá formarse por la unión de dos o más Estados, o partes de ellos, si no estuvieren en contacto, y sin el consentimiento de las Asambleas respectivas.

Artículo 198. Todo proyecto de ley sobre formación de nuevo Estado debe ser propuesto al Congreso por la mayoría de los representantes de los pueblos que han de formarlo y apoyado en los precisos datos de tener una población de cien mil o más habitantes, y de que el Estado de que se separa queda con igual población y en capacidad de subsistir.

Título XV. De las reformas y de la sanción de esta Constitución

Sección primera. De las reformas de la Constitución
Artículo 199. Para poder discutirse un proyecto en que se reforme o adicione esta Constitución, debe presentarse firmado al menos por seis representantes en el Congreso, o ser propuesto por alguna Asamblea de los Estados.

Artículo 200. Los proyectos que se presenten en esta forma si no fueren admitidos a discusión, no podrán volver a proponerse sino hasta el año siguiente.

Artículo 201. Los que fueren admitidos a discusión, puestos en estado de votarse, necesitan para ser acordados las dos terceras partes de los votos.

Artículo 202. Acordada la reforma o adición debe para ser constitucional, aceptarse por la mayoría absoluta de los Estados con las dos terceras partes de la votación de sus Asambleas.

Artículo 203. Cuando la reforma o adición versare sobre algún punto que altere en lo esencial la forma de gobierno adoptada, el Congreso, después de la aceptación de los Estados, convocará una Asamblea Nacional Constituyente para que definitivamente resuelva.

Sección segunda. De la sanción
Artículo 204. Sancionará esta Constitución el primer Congreso Federal.

Artículo 205. La sanción recaerá sobre toda la Constitución y sobre alguno o algunos Artículos.

Artículo 206. La sanción será dada nominalmente por la mayoría absoluta y negada por las dos terceras partes de votos del Congreso.

Artículo 207. Si no concurriere la mayoría a dar la sanción ni las dos terceras partes a negarla, se discutirá de nuevo por espacio de ocho días, al fin de los cuales se votará precisamente.

Artículo 208. Si de la segunda votación aún no resultare acuerdo, serán llamados al Congreso los Senadores, y concurrirán como representantes a resolver sobre la sanción.

Artículo 209. Incorporados los Senadores en el Congreso se abrirá por tercera vez la discusión, que no podrá prolongarse más de quince días; y si después de votarse no resultare la mayoría de los votos para dar la sanción, ni las dos terceras partes para negarla, la Constitución queda sancionada en virtud de este Artículo constitucional.

Artículo 210. Dada la sanción, se publicará con la mayor solemnidad; negada, el Congreso convocará sin demora una Asamblea Nacional Constituyente.

Artículo 211. Esta Constitución, aun antes de sancionarse, regirá en toda su fuerza y vigor, como su publicación, mientras, fuere sancionada.

Dada en la ciudad de Guatemala, a veintidós de noviembre de mil ochocientos veinticuatro.

Fernando Antonio Dávila, Diputado por el Estado de Guatemala, Presidente; José Nicolás Irías, Diputado por el Estado de Honduras, Vicepresidente.

Representantes por el Estado de Costa Rica: José Antonio Alvarado. Juan de los Santos Madriz. Luciano Alfaro. Pablo Alvarado.

Representantes por el Estado de Nicaragua: Toribio Argüello. Francisco Quiñónez. Tomás Muñoz. Manuel Barberena. Benito Rosales. Manuel Mendoza. Juan Modesto Hernández. Filadelfo Benavent.

Representantes por el Estado de Honduras: Juan Miguel Fiallos. Miguel Antonio Pineda. Juan Esteban Milla. José Jerónimo Zelaya. Joaquín Lindo. Pío José Castellón. Francisco Márquez. Próspero de Herrera. Francisco Aguirre. José Francisco Zelaya.

Representantes por el Estado de El Salvador: José Matías Delgado. Juan Vicente Villacorta. Mariano de Beltranena. Ciriaco Villacorta. José Ignacio de Marticorena. Joaquín de Letona. José Francisco de Córdoba. Isidro Menéndez. Leoncio Domínguez. Marcelino Menéndez. Pedro José Cuéllar. Mariano Navarrete.

Representantes por el Estado de Guatemala: José Barrundia. Antonio de Rivera. José Antonio Alcayaga. Cirilo Flores. José Antonio Azmitia. Francisco Flores. Juan Miguel de Beltranena. Julián de Castro. José Simeón Cañas. José María Agüero. Luis Barrutia. José María Herrera. Eusebio Arzate. José Ignacio Grijalva. José Serapio Sánchez. Miguel Ordóñez. Mariano Gálvez. Francisco Xavier Valenzuela. Francisco Carrascal. Mariano Centeno. Antonio González. Basilio Chavarría. Juan Neponuceno Fuentes. José Domingo Estrada. José Antonio de Larrave, Diputado por el Estado de Guatemala, Secretario. Juan Francisco de Sosa, Diputado por el Estado de El Salvador, Secretario. Mariano de Córdoba, Diputado por el Estado de Guatemala, Secretario. José Beteta, Diputado por el Estado de Guatemala, Secretario.

Palacio Nacional del Supremo Poder Ejecutivo de la República Federal de Centroamérica, en Guatemala, a veintidós de noviembre de mil ochocientos veinticuatro.

Ejecútese. Firmado de nuestra mano, sellado con el sello de la República y refrendado por el Secretario Interior del Estado y del Despacho de Relaciones Exteriores.

José Manuel de la Cerda, Tomás O'Horán, José del Valle. El Secretario de Estado, Manuel J. Ibarra.

Libros a la carta

A la carta es un servicio especializado para
empresas,
librerías,
bibliotecas,
editoriales
y centros de enseñanza;
y permite confeccionar libros que, por su formato y concepción, sirven a los propósitos más específicos de estas instituciones.

Las empresas nos encargan ediciones personalizadas para marketing editorial o para regalos institucionales. Y los interesados solicitan, a título personal, ediciones antiguas, o no disponibles en el mercado; y las acompañan con notas y comentarios críticos.

Las ediciones tienen como apoyo un libro de estilo con todo tipo de referencias sobre los criterios de tratamiento tipográfico aplicados a nuestros libros que puede ser consultado en Linkgua-ediciones.com.

Linkgua edita por encargo diferentes versiones de una misma obra con distintos tratamientos ortotipográficos (actualizaciones de carácter divulgativo de un clásico, o versiones estrictamente fieles a la edición original de referencia).

Este servicio de ediciones a la carta le permitirá, si usted se dedica a la enseñanza, tener una forma de hacer pública su interpretación de un texto y, sobre una versión digitalizada «base», usted podrá introducir interpretaciones del texto fuente. Es un tópico que los profesores denuncien en clase los desmanes de una edición, o vayan comentando errores de interpretación de un texto y esta es una solución útil a esa necesidad del mundo académico.

Asimismo publicamos de manera sistemática, en un mismo catálogo, tesis doctorales y actas de congresos académicos, que son distribuidas a través de nuestra Web.

El servicio de «libros a la carta» funciona de dos formas.

1. Tenemos un fondo de libros digitalizados que usted puede personalizar en tiradas de al menos cinco ejemplares. Estas personalizaciones pueden ser de todo tipo: añadir notas de clase para uso de un grupo de estudiantes, introducir logos corporativos para uso con fines de marketing empresarial, etc. etc.

2. Buscamos libros descatalogados de otras editoriales y los reeditamos en tiradas cortas a petición de un cliente.

LK